BEI GRIN MACHT SICH IHR WISSEN BEZAHLT

- Wir veröffentlichen Ihre Hausarbeit, Bachelor- und Masterarbeit

- Ihr eigenes eBook und Buch - weltweit in allen wichtigen Shops

- Verdienen Sie an jedem Verkauf

Jetzt bei www.GRIN.com hochladen und kostenlos publizieren

Bibliografische Information der Deutschen Nationalbibliothek:

Die Deutsche Bibliothek verzeichnet diese Publikation in der Deutschen National-
bibliografie; detaillierte bibliografische Daten sind im Internet über http://dnb.d-
nb.de/ abrufbar.

Impressum:

Copyright © 2020 GRIN Verlag
Druck und Bindung: Books on Demand GmbH, Norderstedt Germany
ISBN: 9783346175076

Dieses Buch bei GRIN:

https://www.grin.com/document/542749

Sascha Heller

Ordentliche Kündigung, Sozialauswahl und rechtliche Rahmenbedingungen des Bewerbungsgesprächs

GRIN Verlag

GRIN - Your knowledge has value

Der GRIN Verlag publiziert seit 1998 wissenschaftliche Arbeiten von Studenten, Hochschullehrern und anderen Akademikern als eBook und gedrucktes Buch. Die Verlagswebsite www.grin.com ist die ideale Plattform zur Veröffentlichung von Hausarbeiten, Abschlussarbeiten, wissenschaftlichen Aufsätzen, Dissertationen und Fachbüchern.

Besuchen Sie uns im Internet:

http://www.grin.com/

http://www.facebook.com/grincom

http://www.twitter.com/grin_com

Hausarbeit

Ordentliche Kündigung, Sozialauswahl und rechtliche Rahmenbedingungen des Bewerbungsgesprächs

Abgegeben am 26.03.2020 per Upload
SRH Fernhochschule

Modul: Rahmenbedingungen der Personal- und Organisationspsychologie
Studiengang: Wirtschaftspsychologie

Von
Sascha Heller
Studiengang: Wirtschaftspsychologie

Inhalt

1 Die ordentliche Kündigung

1.1 Das KSchG

Ist eine Person länger als sechs Monate in einem Unternehmen beschäftigt, greift meist das Kündigungsschutzgesetz kurz KSchG. Wichtig für den beispielhaften Fall ist, dass der Kündigungseinspruch von Frau P. innerhalb einer Woche nach Kündigung beim Betriebsrat eingehen muss. (§3 KschG) (Bundesamt für Justiz 25.08.1969, S. 1)

1.2 Die ordentliche Kündigung

Bei einer ordentlichen Kündigung muss einiges in Betracht gezogen werden. Zunächst sind die Kündigungsfristen einzuhalten. (Janetz 2019, S. 125) Das KSchG wirkt nur, wenn der Arbeitnehmer mindestens sechs Monate für das Unternehmen tätig ist, und der Betrieb eine höhere Mitarbeiterzahl als 10,25 hat. Möglich sind hierbei Kündigungen, die sozial gerechtfertigt sind. Demnach kann einem Mitarbeiter entweder durch personen-, verhaltens- oder betriebsbedingten Gründen gekündigt werden. (Janetz 2019, S. 126)

1.2.1 Betriebsbedingte Kündigung

Möchte man einen oder mehrere Mitarbeiter betriebsbedingt kündigen, so sind zwei Stufen nötig. Zunächst muss ein Arbeitsplatz im Zuge betrieblicher Erfordernisse wegfallen. In der zweiten Stufe der Sozialauswahl werden Gruppen von vergleichbaren Mitarbeitern gebildet. Hierbei werden gewisse Leistungsträger und Mitarbeiter mit besonderem Kündigungsschutz herausgenommen. Danach werden die übrigen Mitarbeiter nach

Lebensalter, Betriebszugehörigkeit, Unterhaltspflichten der Arbeitnehmer und Schwer-
behinderungen „bewertet". Ermittelt wird hierbei der Mitarbeiter mit den schlechtesten
Sozialdaten. (Janetz 2019, S. 129–131)

1.2.2 Personenbedingte Kündigung

Möchte man eine personenbedingte Kündigung aussprechen, ist die Grundvoraussetzung,
dass der Mitarbeiter seine Arbeitsleistung dauerhaft nicht mehr erbringen kann. Dies be-
läuft sich sowohl auf die persönlichen Fähigkeiten als auch auf dessen Eigenschaften.
Dafür gelten drei Voraussetzungen. Zunächst muss die Fähigkeit des Arbeitnehmers zur
Ausübung seiner Stelle nicht länger gewährleistet sein. Die zweite Voraussetzung ist,
dass die fehlende Leistungsfähigkeit den betrieblichen und wirtschaftlichen Interessen im
Wege steht. Hierbei müssen die Störungen konkret belegt werden. Im dritten Schritt muss
nun eine negative Zukunftsprognose vorhanden sein. Hierbei stellt sich die Frage, ob der
Mitarbeiter seine volle Leistung in der Zukunft wieder erbringen kann. Diese dauerhafte
Störung sollte dann von einem Arzt prognostiziert werden. Die soziale Rechtfertigung
fordert im letzten Schritt auch, dass geprüft wird, ob der Mitarbeiter nicht an einem anderen Arbeitsplatz in Zukunft eine volle Leistung erbringen kann. Sind diese Gründe ge-
geben, kann die Kündigung erteilt werden. Diese kann unter Umstände im Folgenden
vom Arbeitsgericht geprüft und/oder angefochten werden. (Brüssel und Stella 2019, S.
172)

1.2.3 Verhaltensbedingte Kündigung

Eine verhaltensbedingte Kündigung kommt dann in Betracht, wenn der Kündigungsgrund
im Verhalten des Mitarbeiters liegt. Eine Störung im Leistungsbereich kann z. B. bei Un-
pünktlichkeit, Schlechtarbeit usw. liegen. Eine Störung im Vertrauensbereich liegt vor,
wenn er z. B. durch Lügen, Schmiergelder oder Tätlichkeiten etc. auffällt. Bei einer

verhaltensbedingten Kündigung bedarf es vorab einer Abmahnung. Bei der Störung des Vertrauensbereich benötigt es nur dann eine Abmahnung, wenn der Arbeitnehmer mit vertretbaren Gründen annehmen konnte, dass er nicht vertragswidrig gehandelt hat. (Janetz 2019, S. 133)

Da die Abmahnung in dem hier besprochenen Fall nicht zum Tragen kommt, soll sie nur kurz skizziert werden. Möchte man einen Mitarbeiter abmahnen, muss diese auch wirksam sein, d. h. sie muss eine Rüge, Missbilligung und Warnung enthalten und auch nicht anderweitig nichtig sein. Sie muss inhaltlich zutreffen und ein gleichartiges Verhalten betreffen. (Janetz 2019, S. 137)

1.2.4 Voraussetzung für eine ordentliche Kündigung

Um eine ordentliche Kündigung auszusprechen, sollte zunächst auf die Form geachtet werden. Die Kündigung muss schriftlich erfolgen und unterschrieben werden. Wichtig ist hierbei das Zugangsdatum des Kündigungsschreibens. Dieses muss in den Machtbereich des Empfänger gelangen. Um die Kündigung zu rechtfertigen, benötigt es zunächst einen zulässigen Grund sowie eine Sozialauswahl. Ausgenommen sind hier Kündigungen, die einen personenbezogenen Grund haben. Bei Personen denen besonderer Schutz zusteht, ist zu beachten, dass hier andere Voraussetzungen gelten. Zu diesen Personengruppen gehören z. B. Schwangere, Betriebsratsmitglieder oder Schwerbehinderte. Existiert ein Betriebsrat im Unternehmen, muss dieser der Kündigung vorab zustimmen. Für die Kündigung sind dann auch noch entsprechende Kündigungsfristen zu beachten. Bei einer Betriebszugehörigkeit von z. B. 20 Jahren besteht eine Kündigungsfrist von sieben Monaten zum Ende des Monats. (Rassek 2018, S. 1)

1.2.5 Wiederspruch zur Kündigung

Möchte man der Kündigung widersprechen, kann man binnen drei Wochen einen Widerspruch einlegen. Chancen darauf, Recht zu bekommen, hat man z. B. wenn der Betriebsrat nicht angehört wurde, die Kündigung nicht der schriftlichen Anforderung entspricht oder die Kündigung gegen den Tarifvertrag verstößt. Auch falsche Angaben von Seiten des Arbeitgebers sind Gründe für die Nichtigkeit. Der Arbeitgeber ist außerdem verpflichtet, eine Versetzung in Betracht zu ziehen und eine korrekte Sozialauswahl durchzuführen. Entspricht er dem nicht, ist die Kündigung anfechtbar. (Hockling und Leffers 2015, S. 1)

1.3 Auflösung Fallbeispiel

Im Folgenden soll ein beispielhafter Fall behandelt werden. Die Spedition Eilig möchte ihre Mitarbeiterin in der Packerei kündigen, weil diese an chronifizierten Rückenproblemen leidet und ihr Arzt diagnostiziert hat, dass sie den Beruf nicht mehr ausüben kann. Die Spedition kündigt ordentlich nach Anhörung des Betriebsrates. Daraufhin kommt es zur Gegenwehr seitens Frau P., die einen ihr gerechten Arbeitsplatz fordert, oder umgeschult werden möchte. Im Folgenden soll nun geklärt werden, unter welchen Voraussetzungen der Arbeitsvertrag mit Frau P. gekündigt werden kann. Außerdem soll dargestellt werden, ob die Gegenwehr von Frau P. Chancen auf Erfolg hat.

Zunächst muss geprüft werden, ob Frau P. unter das Kündigungsschutzgesetz fällt oder nicht. Nach § 1 (1) KSchG ist die Voraussetzung für das Kündigungsgesetz ein Arbeitsverhältnis, welches ohne Unterbrechung länger als sechs Monate besteht. (Bundesamt für Justiz 25.08.1969, S. 1) Da Frau P. bereits seit 20 Jahren für das Unternehmen tätig ist, fällt die Kündigung unter das KSchG. Da es sich hierbei um eine ordentliche Kündigung aus personenbedingten Gründen handelt, sind zunächst die Voraussetzungen einer ordentlichen Kündigung zu prüfen. Aufgrund der vorliegenden Informationen geht man davon aus, dass die Kündigung in sauberer Schriftform vorliegt. Sie wurde dem Betriebsrat vorgelegt und akzeptiert. Außerdem wurde fristgerecht zum 30.04. des Folgejahres gekündigt, wobei die Kündigung am 03.08. des laufenden Jahres in den Machtbereich von

Frau P. überging. Nun hat Frau P. das Recht nach § 3 KSchG einen Widerspruch gegen die Kündigung wegen sozialer Ungerechtfertigtkeit einzulegen und tut dies auch. (Bundesamt für Justiz 25.08.1969, S. 1) In §1 (2) KSchG wird die sozial ungerechtfertigte Kündigung beschrieben. Hier zeigt sich, dass eine sozial ungerechtfertigte Kündigung vorliegt, wenn sie nicht durch Gründe ausgesprochen wurde, die in der Person oder dem Verhalten des Arbeitnehmers bedingt sind. Hierbei müsste man schauen, ob Frau P. nicht an eine andere Stelle versetzt werden könnte. (Bundesamt für Justiz 25.08.1969, S. 1) Nun stellt sich der Fall so dar, dass Frau P. aufgrund ihrer Erkrankung und der negativen Zukunftsprognose ihres Arztes, ihren Job nicht länger ausführen kann. Die Weiterbeschäftigung im Unternehmen stellt eine betriebliche oder wirtschaftliche Belastung für die Firma Eilig dar.

Somit ist der Fall klar. Dies bedeutet, dass die Kündigung von Frau P. gerechtfertigt ist und somit voll rechtswirksam. In diesem Fall wären jedoch auch Outplacement -Interaktionen von Vorteil. Hierbei könnte man z. B. Frau P. darin unterstützen, eine neue Stelle zu finden oder auch eine Umschulung möglich zu machen.

1.4 Trennungsmanagement oder Outplacement

Kündigungen von Arbeitsverträgen kommen in einer Unternehmensgeschichte immer wieder vor. Man kann nur hoffen, dass sich die Trennung nicht allzu schlimm sowohl auf die gekündigte Person als auch auf die verbleibenden Mitarbeiter auswirkt. Nun sollen zum Abschluss noch die positiven Auswirkungen eines effektiven Trennungsmanagements skizziert werden.

Das effektive Trennungsmanagement wirkt sich positiv auf das Engagement und die Motivation der verbleibenden Mitarbeiter aus, reduziert versteckte Kosten und Traumatisierungen im Unternehmen. Der Respekt, den man dem Gekündigten entgegenbringt, stärkt das Arbeitgeberimage und lässt Spielraum für weitere Beziehungen. Dabei muss das Trennungsmanagement systematisch durchgeführt, ganzheitlich (kulturell und psychologisch) ablaufen und im Folgenden kritisch evaluiert werden. (Treier 2019, S. 418)

2 Das Bewerbungsgespräch – Rechtliche Rahmenbedingungen

2.1 Auswahlgespräche – Definition

Ein Auswahlgespräch oder auch Vorstellungsgespräch ist ein Gespräch zwischen Mitarbeitern eines Unternehmens (meist Personaler und Führungsperson) und einem Bewerber. Hierbei geht es darum, Informationen einzuholen aber auch weiter zu geben. Vorstellungsgespräche werden häufig als erstes Mittel genutzt, um den Bewerber näher kennen zu lernen. Einstellungsgespräche werden hingegen vorwiegend nach anderen Mitteln von Auswahlprozessen geschaltet. Hierbei geht es vor allem um Verhandlungen beispielsweise über den Vertrag oder die Arbeitsbedingungen. Der bedeutendste Unterschied ist, dass bei einem Einstellungsgespräch die Personalentscheidung bereits gefallen ist. (Rohrlack 2019, S. 222–223)

2.1.1 Arten von Auswahlgesprächen

Das Face-to-Face Interview wird wohl am häufigsten genutzt. Hierbei sitzen die unterschiedlichen Gesprächspartner in einem Raum. (Rohrlack 2019, S. 223) Der Vorteil ist hierbei, dass die Firma bereits durch sein Gebäude und die Räumlichkeiten einen gewissen ersten Eindruck setzten kann. Häufig wird die Situation auch genutzt, um eine Führung durch die Firma durchzuführen und mögliche neue Kollegen vorzustellen.

Sind vorab oder auch nach z. B. einer Arbeitsprobe noch weitere Fragen zu klären, kann ein Telefoninterview Sinn machen. Auch Kostenersparnisse wegen möglichen großen Entfernungen sind hierbei mit einzubeziehen. Bei einem Telefoninterview wird der Bewerber zu einem bestimmten Termin oder auch unangemeldet angerufen. Mittels Telefonkonferenzen können mehrere Mitarbeiter an dem Gespräch teilnehmen. Es wurden auch bereits Computerprogramme veröffentlicht, die mit dem Bewerber sprechen und daraufhin ein Persönlichkeitsprofil erzeugen. (Rohrlack 2019, S. 223) Jedoch sind hierbei auch Nachteile anzusprechen, wie das Fehlen der nonverbalen Unterhaltung. Es wäre auch möglich, dass sich der Bewerber hierbei weniger wertgeschätzt fühlt.

Durch „neue" Technologien werden auch Videointerviews zu einer beliebten Technik. Diese können in unterschiedlicher Form durchgeführt werden. Ein Unternehmen kann z. B. seine Fragen dem Bewerber vorgeben, und ihn dazu auffordern diese durch einen „Film" zu beantworten. Hierbei hat der Bewerber die Möglichkeit, sein eigenes „Drehbuch" zu entwickeln. Bei einem synchronen Interview hingegen sind alle Teilnehmer des Gesprächs anwesend und können via Internet miteinander reden. Bei einem asynchronen Interview erhält der Bewerber die gewünschten Fragen und soll sie per Video beantworten. Bei einem Videointerview haben somit die Mitarbeiter des Unternehmens die Möglichkeit, die Beantwortung später anzusehen und genaustens zu analysieren. Hierbei sollte man jedoch penibel auf die Datenschutzrichtlinien achten. (Rohrlack 2019, S. 224)

2.1.2 Ziele von Auswahlgesprächen

Zunächst geht es bei den Auswahlgesprächen um eine Entscheidungsfindung oder auch im Rahmen einer größeren Auswahlbatterie um die Reduktion von Bewerbern. Betrachtet man hierbei die Durchführung des freien Vorstellungsgespräches, gibt es einige Fehlerquellen, was zu einer unzuverlässigen Auswahl führen kann. Fehlerquellen tauchen häufig bei den Fragestellungen, bei ruhigen Bewerbern, bei der Entscheidungsfindung und auch bei der Bewertung der Aussagen des Bewerbers auf. Des Weiteren wäre es möglich, dass keine systematische Informationsgewinnung erfolgt oder auch unterschiedliche Interviewer einen Bewerber unterschiedlich beurteilen. (Rohrlack 2019, S. 224)

2.1.3 Gestaltung von Auswahlgesprächen

Die Gestaltung von Auswahlgesprächen wird nach drei Faktoren unterschieden, und zwar nach Struktur, Form und dem Ablauf. Innerhalb der Struktur gibt es das freie Interview, das vollstrukturierte Interview und das teilstrukturierte Interview. Aufgrund des niedrigen Planungsaufwandes wird häufig das freie Interview gewählt. Es bietet zwar eine hohe

Flexibilität jedoch auch eine schwierige Bewertung. Beim teilstrukturierten Interview werden vorab Fragestellungen geplant, die jedoch in der Reihenfolge frei sind. Das vollstrukturierte Interview bietet festgelegte Fragen und Antwortmöglichkeiten, die in vorgegebener Art und Reihenfolge beantwortet werden müssen. Hierbei entsteht eine hohe Vergleichbarkeit unter den Bewerbern, was jedoch die Flexibilität einschränkt. Es geht nicht auf die Bedürfnisse von Bewerbern und Interviewern ein und hat einen hohen Planungsaufwand. Somit werden vollstrukturierte Interviews hauptsächlich zur Reduktion von Bewerbern und häufig online genutzt. Das offene Interview wird hauptsächlich von Kleinunternehmern benutzt, um den Bewerber besser kennen zu lernen. (Rohrlack 2019, S. 225–226) Nun sollten die Anzahl der Interviewer angesprochen werden. In kleinen Unternehmen trifft man häufig auf Einzelinterviews. Hierbei gibt es nur einen Interviewer, der meist auch der Geschäftsführer ist. Bindet man mehrere Interviewer in das Gespräch mit ein, können diese seriell die Fragen stellen, den Bewerber gleichzeitig befragen oder auch mehrere Bewerber gleichzeitig befragen. (Rohrlack 2019, S. 226)

2.1.4 Rechtliche Rahmenbedingungen

Bevor man für ein beispielsweise halbstrukturiertes Vorstellungsgespräch Fragen vorbereitet, sollte man sich zunächst mit dem AGG beschäftigen. Das AGG ist das Allgemeine Gleichbehandlungsgesetz, welches einen rechtlichen Rahmen vorgibt.

Ziel des AGG ist es, Benachteiligungen zu verhindern, die Aufgrund von Rasse, Ethnie, Herkunft, Geschlecht, Religion, Behinderung, Alter oder sexuellen Identität aufkommen können. (§1 AGG). (Bundesministerium der Justiz und für Verbraucherschutz 14.08.2006, S. 1) Die Richtlinien des AGG beziehen sich hauptsächlich auf Auswahlkriterien und Einstellungsbedingungen sowie Beschäftigungs- und Arbeitsbedingungen. Außerdem beinhaltet es alle Formen und Ebenen der Berufsberatung und Bildung, Mitgliedschaften in Beschäftigten- oder Arbeitgebervereinigungen, den Sozialschutz, die Bildung und den Zugang zu Versorgung von Gütern und Dienstleistungen inkl. Wohnraum. Dies ist dem AGG in §2 (1) Nr. 1 - 8 zu entnehmen. (Bundesministerium der Justiz und für Verbraucherschutz 14.08.2006, S. 1)

2.2 Anwendung des AGG auf das vorliegende Beispiel

Innerhalb des vorliegenden Beispiels wird ein Buchhalter bei der Spedition Eilig gesucht. Im Laufe des Gesprächs kommt es zu brisanten Fragen. Es soll nun geklärt werden, ob der Bewerber A auf die Fragen wahrheitsgemäß antworten muss. Grundsätzlich ist vorab zu erwähnen, dass Fragen nur wahrheitsgemäß beantwortet werden müssen, welche eine Relevanz zur ausgeschrieben Stelle aufweisen. (Manuela Beck 2017, S. 1)

Frage 1: Welche Berufserfahrung haben Sie auf dem Gebiet der Buchhaltung?

Eine Frage, die sich auf die berufliche Erfahrung, Zeugnisse, Werdegang oder Abschlüsse bezieht, ist grundsätzlich rechtskräftig. Der Bewerber muss hier wahrheitsgemäß antworten. Geschieht dies nicht und der Bewerber lügt was seine Qualifikationen angeht, kann der Arbeitsvertrag wegen arglistiger Täuschung angefochten werden. Hierbei können vom Arbeitgeber auch Schadensersatzansprüche geltend gemacht werden. (Manuela Beck 2017, S. 1) Somit wird klar, dass der Bewerber A eine ehrliche Auskunft zur ersten Frage erteilen muss.

Frage 2: Wie sind Ihre Vermögensverhältnisse? Haben Sie Schulden?

Diese Frage muss differenziert betrachtet werden. Es geht erst einmal darum, für welche Stelle sich der Bewerber interessiert. Handelt es sich um eine einfache Angestelltenstelle, ist die Frage nach dem Vermögen unzulässig. Demnach muss der Bewerber hier nicht wahrheitsgemäß antworten. Fragen nach den Vermögensverhältnissen sind nur geltend, wenn es sich dabei um eine Stelle als Führungskraft handelt. Ob und wie gut der Bewerber mit Vermögen umgehen kann, steht hierbei in einer hohen Relevanz zur Stelle. Demnach ist die Neugierde in diesem Bereich von Arbeitgeberseite gerechtfertigt. (Manuela Beck 2017, S. 1) Wird z. B. ein Finanzberater gesucht, muss man natürlich wissen, ob dieser überhaupt mit Vermögen umgehen kann.

Da es sich bei der Stelle, auf die sich Bewerber A beworben hat, nicht um eine Führungsposition handelt, ist eine Frage nach seinen Vermögenswerten für die Stelle nicht relevant. Damit ist die Frage unzulässig und muss nicht wahrheitsgemäß beantwortet werden.

Frage 3: Sind Sie vorbestraft?

Durch eine Einstellung wird eine „fremde" Person in das Unternehmen integriert. Dabei könnte es interessant sein, ob die Person vorbestraft ist. Diese Frage ist nicht ganz einfach. Eine Frage nach der Vorbestrafung darf gestellt werden, jedoch nur für Vorstrafen, die eine Relevanz zum Arbeitsplatz haben. (Manuela Beck 2017, S. 1)

Der Bewerber A bewirbt sich für eine Stelle als Buchhalter. Demnach dürfen Vorstrafen wie z. B. wegen Steuerhinterziehung bzw. verschiedener Kapitalverbrechen erfragt werden. Hat er jedoch eine Vorstrafe wegen beispielsweise eines Verkehrsdeliktes, hat dies keine Relevanz zum Arbeitsplatz und muss demnach auch nicht wahrheitsgemäß beantwortet werden.

3 Kündigungsschutz – Sozialauswahl

3.1 Ordentliche betriebsbedingte Kündigung

Möchte man sich von einem Mitarbeiter trennen, müssen zunächst die rechtlichen Bedingungen geprüft werden. Nicht jeder Arbeitnehmer kann fristlos gekündigt werden. In §134 BGB steht z. B., dass Schwerbehinderte, werdende Mütter bzw. Mitarbeiter in Elternzeit und Auszubildende speziell geschützt sind. Außerdem muss der Betriebsrat angehört werden. Mitglieder des Betriebsrates oder z. B. der Jugendvertretung sind auch speziell geschützt. (Stock-Homburg und Groß 2019, S. 170)

Möchte man also eine Person kündigen, die nicht speziell geschützt ist, sind auch hier einige Voraussetzungen zu beachten. Die Kündigung muss in Schriftform mit einem deutlichen Kündigungswillen und einem festen Beendigungszeitpunkt ausgesprochen werden. Eine ordentliche Kündigung kann personenbedingt, verhaltensbedingt oder betriebsbedingt sein. (Stock-Homburg und Groß 2019, S. 168)

Bei einer betriebsbedingten Kündigung muss zunächst der Grund der Kündigung nicht beim Arbeitnehmer, sondern betrieblich sein. Gründe hierfür wären Rationalisierungsmaßnahmen, Aufgabe eines Geschäftszweiges oder auch außerbetriebliche Umstände. Möchte man aus betrieblichen Gründen kündigen, stellt sich die Frage, welcher Mitarbeiter das Unternehmen verlassen muss. (Stock-Homburg und Groß 2019, S. 173–174)

Die betriebsbedingte Kündigung setzt eine Überprüfung in drei Schritten voraus. Zunächst muss eine unternehmerische Entscheidung vorliegen, dass eine Kündigung aus inner- oder außerbetrieblichen Gründen ausgesprochen wird. Im zweiten Schritt muss geprüft werden, ob der Mitarbeiter nicht auf eine andere Stelle versetzt werden kann. Im letzten Schritt muss durch eine sog. Sozialauswahl geprüft werden, welcher Mitarbeiter das Unternehmen verlassen muss. (Jesgarzewski 2019, S. 229)

In der Praxis werden Kündigungen aus betrieblichen Gründen häufig angefochten, weswegen häufig der Mitarbeiter per Abfindung zu einer Zustimmung bewegt wird. Ein solcher Vergleich wird auch angestrebt, um langwierige Kündigungsklagen zu vermeiden.

3.2 Die Abfindung

Um das Thema der Kündigung abzurunden, soll hier nun das Thema Abfindung kurz skizziert werden. Gesetzlich sind Abfindungen in drei Fällen vorgeschrieben. Zunächst kann vertraglich vereinbart werden, dass der Gekündigte die gesetzliche Frist auf Kündigungsklage von drei Wochen verstreichen lässt. Auch ein Auflösungsurteil in einem Kündigungsschutzprozess kann einen Anspruch auf Abfindung nach sich ziehen. Der dritte Fall wäre eine Entlassung wegen Betriebsänderung ohne Versuch eines Interessenausgleichs mit dem Betriebsrat. Außerdem können Abfindungen auch durch Sozialpläne nach §§ 112, 112a BetrVG, durch Aufhebungsverträge oder Prozessvergleiche erreicht werden. (Wiesbaden 2018, S. 5) Im Fall des Verstreichens der Frist zur Kündigungsschutzklage beträgt die Höhe der Abfindung 0,5 Monatsgehälter pro Jahr Betriebszugehörigkeit. Im Falle des Auflösungsurteils und der Entlassung wegen Betriebsänderung

werden bis zu 12 Monatsgehälter gezahlt. Dieses Regelung kann auf bis zu 18 Monatsgehälter erweitert werden nach § 10 (2) KSchG. (Wiesbaden 2018, S. 6)

3.3 Die Sozialauswahl

Muss man einen Mitarbeiter aus betrieblichen Gründen kündigen, wird vom Gesetzgeber
eine sogenannte Sozialauswahl nach § 1 (3) KSchG gefordert. Dies gilt jedoch nur für
Arbeitsverhältnisse, die länger als sechs Monate bestehen. Demnach betrifft es alle Mitarbeiter, die nach §1 KSchG unter dem Kündigungsschutzgesetz stehen. Kleinbetriebe
müssen nur bedingt eine Sozialauswahl „light" machen. (Westerath 2018, S. 1)

Bei einer Sozialauswahl werden seit 2004 nur noch vier Kriterien berücksichtigt. Diese
werden dann mit einer Gewichtung versehen. Der erste Faktor ist die Dauer der Betriebszugehörigkeit. Natürlich sind Mitarbeiter, die bereits lange im Betrieb sind, sehr wertvoll.
Außerdem sollte den Mitarbeitern so auch gezeigt werden, dass der Betrieb sie schätzt
und sie eine wertvolle Ressource für das Unternehmen darstellen. Der zweite Faktor ist
das Lebensalter. Umso älter ein Mitarbeiter ist, umso schwerer wird es für ihn, eine neue
Stelle zu finden. Der nächste Faktor ist die Unterhaltspflicht des Angestellten. Da ver-
schiedene Personen von dem Unterhalt einer Person abhängig sind, gilt es diese zu schüt-
zen. Zuletzt kommt der Punkt der Schwerbehinderung. Auch für Schwerbehinderte wie
für ältere Arbeitnehmer ist es schwer, eine neue Stellung zu finden. Daher sind diese
Faktoren ausschlaggebend für eine sozial gerechtfertigte Kündigung.

Die Gewichtung ist prinzipiell gleich anzusetzen, kann jedoch durch den Arbeitgeber be-
einflusst werden, um ihm einen Beurteilungsspielraum zu gewähren. Sollte die Sozialauswahl angezweifelt werden, entscheidet am Ende das Arbeitsgericht. (Westerath 2018,
S. 1)

Durch sog. Punktelisten kann sich der Arbeitgeber etwas mehr Rechtssicherheit schaffen.
Die erreichte Punktzahl jedes Mitarbeiters erzeugt eine höhere Objektivität. Diese Punktelisten können nur vom Arbeitgeber, in Zusammenarbeit mit dem Betriebsrat oder auch
mit der Arbeitnehmervertretung generiert werden. (Westerath 2018, S. 1)

Beginnt man nun mit der Sozialauswahl, müssen zunächst Listen erstellt werden, von den Mitarbeitern, die in den „Auswahlpool" kommen. Dabei werden immer nur Mitarbeiter innerhalb derselben Hierarchieebene zu Vergleichsgruppen zusammengefasst. Demnach werden nur Mitarbeiter ausgesucht, die einseitig versetzt werden können (Arbeitsplatzbezug). Kann man eine andere Tätigkeit nur einvernehmlich oder durch eine Änderungskündigung für den Mitarbeiter finden, ist er nicht vergleichbar. Die Sozialauswahl ist außerdem betriebsbezogen und kann nicht auf andere Betriebe desselben Unternehmens ausgeweitet werden. (Westerath 2018, S. 1)

Nun kommt es beim Auswahlprozess möglicherweise dazu, dass ein Mitarbeiter, der besonders wichtig für das Unternehmen ist, mit unter die Auswahl fällt. Arbeitnehmer, auf die man wegen ihrer Fähigkeiten oder auf Grund der Personalstruktur nicht verzichten kann, können aus der Auswahl ausgegliedert werden. Dies benötigt jedoch eine aufwendige Argumentation, um die Wahl zu rechtfertigen. Ein Beispiel für so einen Arbeitnehmer wäre z. B. ein Mitarbeiter, der bereits Fähigkeiten gezeigt hat, die für einen hierarchischen Aufstieg sprechen. Hat man begonnen diesen z. B. als Schichtleiter auszubilden, da er großen Einfluss auf seine Mitarbeiter hat, wäre dies ein Grund, den Mitarbeiter aus dem Auswahlprozess auszuschließen. Ein solcher Ausschluss muss hinreichend beleget werden, damit die Sozialauswahl nicht angefochten werden kann. (Westerath 2018, S. 1)

Wird die mühevoll erarbeitete Sozialauswahl vor dem Arbeitsgericht auf den Prüfstand gestellt, so muss der Arbeitgeber die Rechtfertigung der Kündigung nachweisen. Er muss außerdem nachweisen, dass kein anderer freier Arbeitsplatz vorhanden ist. Bei der Sozialauswahl muss jedoch der Arbeitnehmer nachweisen, dass diese fehlerhaft ist. Hierfür kann er Akteneinsicht erlangen, um sich darauf vorzubereiten. (Westerath 2018, S. 1)

3.4 Anwendung der Sozialauswahl auf das Praxisbeispiel

Die Spedition Eilig möchte sich aus Kostengründen von einem seiner zwei Buchhalter trennen. Es stellt sich hierbei die Frage, ob sie dazu berechtigt ist.

In unserem Beispiel geht es um eine betriebsbedingte Kündigung. Das bedeutet, dass die Gründe für die Kündigung innerbetrieblich oder durch außerbetriebliche Umstände generiert werden müssen. Außerdem muss eine Sozialauswahl erstellt werden, damit die Kündigung vor einem Arbeitsgericht standhält. (Brüssel und Stella 2019, S. 173–174) Demnach hat die Spedition Eilig prinzipiell erstmal das Recht, einen der beiden Buchhalter zu kündigen, sofern sie die betrieblichen Gründe nach §1 (3) KSchG belegen können.

Nun stellt sich die Frage, welcher der beiden Mitarbeiter gekündigt werden soll. Hierzu ist eine Sozialauswahl zu treffen, die nun beispielhaft erstellt werden soll. Bei dem Beispiel handelt es sich um den Buchhalter Herr A (50 Jahre, 2 Kinder), der bereits zehn Jahre im Unternehmen ist und Buchhalter Herr B (40 Jahre), der seit fünf Jahren für das Unternehmen tätig ist.

Stellt man die zwei Arbeitnehmer gegenüber, wird deutlich, dass A zehn Jahre älter und auch fünf Jahre länger im Unternehmen beschäftigt ist. Außerdem ist er unterhaltspflichtig für zwei minderjährige Kinder. Beide Mitarbeiter sind nicht schwerbehindert. Somit wurden alle vier Kriterien geprüft. Dabei hat Mitarbeiter A drei Punkte und Mitarbeiter B null Punkte.

Nach der Auswertung der Sozialauswahl kann der Arbeitgeber Mitarbeiter B aus betrieblichen Gründen unter Anwendung aller geltenden Vorschriften kündigen. Diese Sozialauswahl sollte dann auch vor einem Arbeitsgericht standhalten und verhindert weitere Problemstellungen.

17

4 Literaturverzeichnis

Brüssel, Martina; Stella, Samantha (Hg.) (2019): Praxishandbuch Personalmanagement für Handwerksunternehmen. Berlin, Heidelberg: Springer Berlin Heidelberg.

Bundesamt für Justiz (25.08.1969): Kündigungsschutzgesetz. KSchG, vom 17.07.2017. Online verfügbar unter https://www.gesetze-im-internet.de/kschg/BJNR004990951.html, zuletzt geprüft am 14.02.2020.

Bundesministerium der Justiz und für Verbraucherschutz (14.08.2006): Allgemeines Gleichbehandlungsgesetz. AGG 2013, S. 1. Online verfügbar unter https://www.gesetze-im-internet.de/agg/BJNR189710006.html#BJNR189710006BJNG000100000, zuletzt geprüft am 02.03.2020.

Hockling, Sabine; Leffers, Jochen (2015): Konter gegen Kündigung. Wann kann man erfolgreich widersprechen? Hg. v. Spiegel.de. Online verfügbar unter https://www.spiegel.de/karriere/kuendigungsschutz-wann-sich-widerspruch-lohnt-a-1049827.html, zuletzt geprüft am 20.02.2020.

Janetz, Urs Peter (Hg.) (2019): Chefsache Arbeitsrecht I. Wiesbaden: Springer Fachmedien Wiesbaden.

Jesgarzewski, Tim (Hg.) (2019): Arbeitsrecht. Wiesbaden: Springer Fachmedien Wiesbaden (FOM-Edition).

Manuela Beck (2017): Unzulässige Fragen beim Vorstellungsgespräch. Hg. v. Kanzlei Hasselbach. Online verfügbar unter https://www.kanzlei-hasselbach.de/2017/unzulaessige-fragen-vorstellungsgespraech/02/, zuletzt geprüft am 02.03.2020.

Rassek, Anja (2018): Ordentliche Kündigung: Das müssen sie beachten. Hg. v. Karrierebibel.de. Online verfügbar unter https://karrierebibel.de/ordentliche-kuendigung/, zuletzt geprüft am 14.02.2020.

Rohrlack, Kirsten (Hg.) (2019): Lösungsorientierte Mitarbeitergewinnung. Wiesbaden: Springer Fachmedien Wiesbaden.

Stock-Homburg, Ruth; Groß, Matthias (Hg.) (2019): Personalmanagement. Wiesbaden: Springer Fachmedien Wiesbaden.

Treier, Michael (Hg.) (2019): Wirtschaftspsychologische Grundlagen für Personalmanagement. Berlin, Heidelberg: Springer Berlin Heidelberg.

Westerath, Jürgen (2018): Sozialauswahl bei Kündigung. Hg. v. Focus. Online verfügbar unter https://www.focus.de/finanzen/experten/sozialauswahl-bei-der-kuendigung-das-sind-die-kriterien_id_8386502.html, zuletzt geprüft am 04.03.2020.

Wiesbaden, Springer Fachmedien (Hg.) (2018): 333 Keywords Arbeitsrecht. Wiesbaden: Springer Fachmedien Wiesbaden.

BEI GRIN MACHT SICH IHR
WISSEN BEZAHLT

- Wir veröffentlichen Ihre Hausarbeit,
  Bachelor- und Masterarbeit

- Ihr eigenes eBook und Buch -
  weltweit in allen wichtigen Shops

- Verdienen Sie an jedem Verkauf

Jetzt bei www.GRIN.com hochladen
und kostenlos publizieren